小跳豆 Jumping Bean 幼兒好習慣情境故事系列

與人相處

新雅文化事業有限公司

www.sunya.com.hk

U0111545

小跳豆
幼兒好習慣情境故事系列

跟着跳跳豆和糖糖豆一起養成好習慣!

　　從小培養幼兒的好習慣是很重要的事,家長只要在他們成長的關鍵時期,給予合理的引導和訓練,孩子就會養成良好的習慣。另一方面,這時期的孩子對一些行為背後的道理也不能完全明白。因此家長更要抓住時機,循循善誘,避免孩子養成不良習慣。

　　《小跳豆幼兒好習慣情境故事系列》共6冊,針對3-7歲孩子在日常生活中面對的問題和需要學習的處境,分為六個不同的範疇,包括生活自理、清潔衛生、與人相處、社交禮儀、公德心和公眾場所。透過跳跳豆、糖糖豆以及好友們的經歷,帶領孩子面對各種在成長中會遇到的問題,並引入選擇題的方式,鼓勵孩子思考解決問題的方法。

　　書末設有「親子說一說」和「教養小貼士」的欄目,給家長一些小提示和教育孩子的方向,幫助家長在跟孩子進行親子閱讀時,一起討論他們所選擇的結果,讓孩子明白箇中道理。「我的好習慣」的欄目,讓孩子檢視自己有什麼好習慣,鼓勵孩子自省並保持良好的習慣,長大成為擁有良好態度和修養的好孩子。

新雅・點讀樂園 升級功能

以互動方式提升孩子的思考力，養成好習慣！

　　本系列屬「新雅點讀樂園」產品之一，若配備新雅點讀筆，爸媽和孩子可以使用全書的點讀功能，孩子可以先點選情境故事的內容，聆聽和理解所發生的事情，然後思考該怎樣做，選出合適的答案。透過互動遊戲的方式，讓孩子邊聽邊學邊玩，同時提升解決問題的能力，培養良好的個人素質。

　　「新雅點讀樂園」產品包括語文學習類、親子故事和知識類等圖書，種類豐富，旨在透過聲音和互動功能帶動孩子學習，提升他們的學習動機與趣味！

想了解更多新雅的點讀產品，請瀏覽新雅網頁(www.sunya.com.hk)或掃描右邊的QR code進入 新雅・點讀樂園 。

如何使用新雅點讀筆閱讀故事？

1. 下載本故事系列的點讀筆檔案

1️⃣ 瀏覽新雅網頁(www.sunya.com.hk) 或掃描右邊的QR code 進入 新雅・點讀樂園 。

2️⃣ 點選 下載點讀筆檔案 ▶ 。

3️⃣ 依照下載區的步驟說明，點選及下載《小跳豆幼兒好習慣情境故事系列》的點讀筆檔案至電腦，並複製至新雅點讀筆的「BOOKS」資料夾內。

2. 啟動點讀功能

開啟點讀筆後，請點選封面右上角的 新雅・點讀樂園 圖示，然後便可翻開書本，點選書本上的故事文字或圖畫，點讀筆便會播放相應的內容。

3. 選擇語言

如想切換播放語言，請點選內頁右上角的 粵 ☆ 普 圖示，當再次點選內頁時，點讀筆便會使用所選的語言播放點選的內容。

如何運用點讀筆進行互動學習

點選圖中的角色，可聆聽對白

我們一起玩

有一天，糖糖豆邀請小紅豆到家裏來玩耍。當糖糖豆和小紅豆在玩布偶時，跳跳豆也拿出心愛的玩具恐龍，想跟小紅豆一起玩。跳跳豆大叫說：「吼！吼！我是恐龍，看我多威風！」可是，小紅豆並不喜歡恐龍，還感到很害怕。接下來，跳跳豆該怎樣做才是正確的呢？

點選語言圖示，可切換至粵語、口語或普通話

1 先點選情境文字的頁面，聆聽和理解所發生的事情

小朋友，請你閱讀以下選項，然後在右頁選出正確答案。

我的選擇是：Ⓐ Ⓑ 粵 ☆ 普

2 翻至下一頁，你可先點選頁面，聆聽選擇A和選擇B的內容

選擇 A

跳跳豆知道小紅豆感到害怕，於是把玩具恐龍放好，跟小紅豆說：「對不起，我們一起玩玩具車吧！」

32

選擇 B

跳跳豆繼續拿着他的玩具恐龍，說：「小紅豆，看吧！我的恐龍很可愛吧！」

33

3 最後作出你的選擇！點選 Ⓐ 或 Ⓑ，然後聽一聽你是否選對了

每冊書末同時設有「親子說一說」欄目，給家長一些小提示，讓家長在跟孩子進行親子閱讀時，也能一起討論他們所選擇的結果啊！

上課時，同學和我談話

上數學課的時候，坐在跳跳豆後面的脆脆豆，不停地跟跳跳豆說他在假期裏發生的趣事，但跳跳豆知道上課時應該要留心聆聽老師講解。接下來，跳跳豆該怎樣做才是正確的呢？

選擇 A

　　跳跳豆輕聲地告訴脆脆豆要專心上課，下課後才聽他說話。

選擇 B

　　跳跳豆大聲投訴：「茄子老師，脆脆豆不停地跟我說話，騷擾我上課呀！」

老師，我會答

　　茄子老師出了一道數學題，跳跳豆很快想到了答案，於是舉手想作答。但茄子老師叫了脆脆豆作答。跳跳豆發現脆脆豆的答案錯了。接下來，跳跳豆該怎樣做才是正確的呢？

選擇 A

跳跳豆安靜地坐在自己的位置上，舉起手，等候茄子老師點名再作答。

我的選擇是：　Ⓐ　Ⓑ　　　粵　⭐　普

選擇 B

　　跳跳豆立即大聲說：「茄子老師，我
會答！讓我答！」

老師錯怪我

在上美術課時，皮皮豆用腳踢跳跳豆。跳跳豆回頭對他說：「請你不要踢我。」

怎料，跳跳豆說話時剛巧被茄子老師看見，茄子老師提醒跳跳豆上課時要專心，跳跳豆心裏很生氣。接下來，跳跳豆該怎樣做才是正確的呢？

選擇 A

跳跳豆繼續認真地上課，等下課後才把剛才的情況告訴老師。

選擇 B

　　跳跳豆認為茄子老師偏心皮皮豆，所以也故意踢了皮皮豆一腳。

17

我和我的妹妹

　　放學回家，豆媽媽和跳跳豆一起看圖書。突然，糖糖豆哭着走過來，原來她做了一個噩夢，於是想媽媽陪伴她午睡。可是，跳跳豆想媽媽繼續給他講故事。接下來，跳跳豆該怎樣做才是正確的呢？

19

選擇 A

　　跳跳豆拉扯着媽媽的手，生氣地說：「媽媽，故事還沒說完呢！你不要理會妹妹！」

選擇 B

　　跳跳豆去安慰糖糖豆，還坐在糖糖豆
的牀邊陪伴她，並安靜地看故事書。

爸爸不和我玩

　　傍晚時分，豆爸爸下班回家了。吃過晚飯後，豆爸爸坐到書桌前去工作。糖糖豆想和爸爸一起玩桌遊。豆爸爸說：「先等一等，讓我完成工作後，再和你玩吧！」接下來，糖糖豆該怎樣做才是正確的呢？

選擇 A

糖糖豆搶過爸爸手中的滑鼠，大叫道：
「不行，不行，一定要馬上和我玩！」

選擇 B

　　糖糖豆安靜地等待爸爸完成工作後，才和自己玩耍。

我要到公園去

　　在一個假日的早上，糖糖豆一覺醒來，便嚷着外祖母帶她到公園去玩。

　　糖糖豆等了一會，外祖母還沒出來。於是糖糖豆走進外祖母的房間，看見外祖母按着腰。原來外祖母的腰很痛呢！接下來，糖糖豆該怎樣做才是正確的呢？

選擇 A

糖糖豆拉着外祖母的手，大叫説：「外祖母，我們快到公園去，今天是假日啊！」

選擇 B

　　糖糖豆連忙請外祖母躺下，還替她蓋被子，說：「外祖母，您要好好休息啊！」

29

我們一起玩

　　有一天，糖糖豆邀請小紅豆到家裏來玩耍。當糖糖豆和小紅豆在玩布偶時，跳跳豆也拿出心愛的玩具恐龍，想跟小紅豆一起玩。跳跳豆大叫說：「吼！吼！我是恐龍，看我多威風！」可是，小紅豆並不喜歡恐龍，還感到很害怕。接下來，跳跳豆該怎樣做才是正確的呢？

選擇 A

　　跳跳豆知道小紅豆感到害怕，於是把玩具恐龍放好，跟小紅豆說：「對不起，我們一起玩玩具車吧！」

選擇 B

跳跳豆繼續拿着他的玩具恐龍，説：
「小紅豆，看吧！我的恐龍很可愛吧！」

親子說一說

小朋友，看完這本書，你可以看看自己選得對不對。 如果你選了 7 個 😃，你就是一個懂得與人相處的好孩子了。

情境	選擇A	選擇B	小提示
同學和我說話	😃	🙁	當朋友做得不對的時候，我們要提醒，不要動不動就養成投訴的習慣，每個人也需要改過的機會啊！
老師，我會答	😃	🙁	每個人都有懂得做和不懂得做的事，當別人遇上困難的時候，我們可以鼓勵對方，而不是急於表現自己，忽略別人的感受。
老師錯怪我	😃	🙁	當我們被誤會時，自然會感到生氣。但是我們要學習控制情緒，適當地向別人表達自己的感受，事情才能得到解決。

情境	選擇A	選擇B	小提示
我和我的妹妹	☹	☺	每個爸爸媽媽都會愛自己的孩子，當孩子有需要的時候，爸爸媽媽都會照顧他們的。試想想，如果是你需要爸爸媽媽陪伴，你希望弟弟/妹妹也叫爸媽不理你嗎？所以兄弟姊妹之間要相親相愛。
爸爸不和我玩	☹	☺	每個小朋友都喜歡爸爸媽媽陪伴着自己。可是，爸爸媽媽有時候也會很忙碌。那時，我們就要學習等待，自己做一些其他活動，靜候爸爸媽媽來陪伴我們。
我要到公園去	☹	☺	當我們有機會做自己喜歡的事情時，會感到莫名的興奮。但同時我們也要顧及別人的感受，不要只顧着自己享受和快樂。
我們一起玩	☺	☹	小朋友喜歡跟別人分享心愛的玩具，是一件美好的事，但有時別人的喜好和想法會跟自己不同，我們要學習多體諒和關心別人啊！

教養小貼士

孩子必須學會良好的社交能力，具備良好的身心素質。孩子良好的習慣和行為是從小形成，因此爸媽需要指導孩子：

友善的交流方法：無論是自己還是別人，都有犯錯的時候，善意的提醒比起吵嚷或投訴，會更容易被人接受，也能避免無故的爭吵。

適當地表達自己真正的感受：每個人都有喜怒哀樂，我們不需要掩飾，但也不能過於興奮、生氣或消沉。孩子必須學習適當地表達自己，好好控制情緒，以免傷及自己和別人。

建立同理心：孩子年幼，容易自我中心，而且往往只會想到自己，例如遇上快樂的事，立刻很想跟人分享。然而，孩子也需要顧及別人的感受，自己喜歡的東西，並不等於別人也喜歡。

愛護家人：與人相處的正確之道並不限於對待朋友，其實對待家人也要一樣。即使是大人，也會很自然地忽略了家人的感受，認為作為家人或爸媽，一定要遷就自己。爸媽要讓孩子明白到，自己會愛護孩子的同時，孩子也需要尊重和關心長輩。

我的好習慣

小朋友，你跟別人相處時有什麼好的行為或習慣？請你寫在下面的獎狀上或畫出來，然後請爸媽給你塗上心心吧！

我學會：

做得真好！

小跳豆 故事系列 （共8輯）

Jumping Bean

讓豆豆好友團 陪伴孩子快樂成長！

提升自理能力，學習控制和管理情緒！

幼兒自理故事系列（一套6冊）

- 《我會早睡早起》
- 《我會自己刷牙》
- 《我會自己上廁所》
- 《我會自己吃飯》
- 《我會自己收拾玩具》
- 《我會自己做功課》

幼兒情緒故事系列（一套6冊）

- 《我很生氣》
- 《我很害怕》
- 《我很難過》
- 《我很妒忌》
- 《我不放棄》
- 《我太興奮》

培養良好的品德，學習待人處事的正確禮儀！

幼兒德育故事系列（一套6冊）

- 《我不發脾氣》
- 《我不浪費》
- 《我不驕傲》
- 《我不爭吵》
- 《我會誠實》
- 《我會關心別人》

幼兒禮貌故事系列（一套6冊）

- 《在學校要有禮》
- 《吃飯時要有禮》
- 《客人來了要有禮》
- 《乘車時要有禮》
- 《在公園要有禮》
- 《在圖書館要有禮》

建立良好的心理素質，提高幼兒的安全意識！

幼兒生活體驗故事系列（一套6冊）

《上學的第一天》
《添了小妹妹》
《我愛交朋友》
《我不偏食》
《我去看醫生》
《我迷路了》

幼兒生活安全故事系列（一套6冊）

《我小心玩水》
《我不亂放玩具》
《我小心過馬路》
《我不亂進廚房》
《我不爬窗》
《我不玩自動門》

培養孩子良好的習慣和行為，成為守規矩和負責任的孩子！

幼兒好習慣情境故事系列（一套6冊）

《公德心》
《公眾場所》
《社交禮儀》
《清潔衞生》
《生活自理》
《與人相處》

幼兒好行為情境故事系列（一套6冊）

《我要做個好孩子》
《我要做個好學生》
《我要做個好公民》
《我要注意安全》
《我要有禮貌》
《我要有同理心》

小跳豆幼兒好習慣情境故事系列
與人相處

原著：楊幼欣
改編：新雅編輯室
繪圖：張思婷
責任編輯：趙慧雅
美術設計：劉麗萍
出版：新雅文化事業有限公司
香港英皇道499號北角工業大廈18樓
電話：(852) 2138 7998
傳真：(852) 2597 4003
網址：http://www.sunya.com.hk
電郵：marketing@sunya.com.hk
發行：香港聯合書刊物流有限公司
香港荃灣德士古道220-248號荃灣工業中心16樓
電話：(852) 2150 2100
傳真：(852) 2407 3062
電郵：info@suplogistics.com.hk
印刷：中華商務彩色印刷有限公司
香港新界大埔汀麗路36號
版次：二〇二二年七月初版